WEISHEIT DER WELT

WORTE WEISER FRAUEN

Erkenntnisse, Visionen
und spirituelle Erfahrungen
aus Ost und West

Im O. W. Barth-Programm
bei Scherz

Weisheit der Welt – Band 22

Ausgewählt und zusammengestellt
von Petra Eisele

Scherz Verlag, Bern München Wien,
für den Otto Wilhelm Barth Verlag.
Alle Rechte an der Einleitung und
an der Textauswahl vorbehalten.

ZUR EINFÜHRUNG

Der Begriff der «Weisen Frau» soll hier im weitesten Sinne verstanden werden – ungeachtet geographischer, kultureller und historischer Begrenzungen. Gibt es doch in fast allen Kulturen der Welt Mythen, die eine Zeit beschreiben, in der nur die Frauen um die Geheimnisse von Leben und Tod wußten, nur sie die Wege zu den Göttern kannten, nur sie heilen und gute und böse Magie ausüben konnten.
Doch im Laufe der Jahrtausende scheint der weibliche Anteil an «Eingeweihten» immer geringer geworden zu sein, die Überlieferung weiblicher Weisheit ist jedenfalls immer spärlicher geflossen, während in Ost und West die Philosophen und Visionäre immer stärker in den Vordergrund traten.
Aber es hat sie dennoch immer gegeben

– und gibt sie noch heute – die Schamaninnen und Mystikerinnen, die Medizinfrauen und Seherinnen. Ihre Erkenntnisse und Gesichte, Erfahrungen und Einsichten sind in diesem Bändchen zu einem vielstimmigen Chor vereint, dessen Grundtenor über die Grenzen von Religionen und Zeitaltern hinweg – geboren aus Beobachtung, Intuition und göttlicher Offenbarung – dem Leben seine Bedeutung zuschreibt, den lebendigen und den nichtlebendigen Dingen Achtung entgegenbringt und zu ergründen sucht, was sich in den unsichtbaren Räumen jenseits des menschlichen Wahrnehmungsbereichs verbirgt.

Alle diese Frauen wußten so wie die Sioux Ellen Deloria: «Wir leben in der Ewigkeit.»

P. E.

Wenn du auf Reisen bist
und ganz allein,
ist es nicht klug von dir,
dich für unwissend zu halten.
Denn wer allein unterwegs ist,
hat niemanden, dem er vertrauen kann,
nur sich selbst.
Und würdest du jemandem vertrauen,
den du für unwissend hältst?

Sag einfach: «Ich verstehe das nicht.»
Alles, was du nicht
verstehst…
steck es in einen Sack
und trag ihn über der Schulter.
Mit der Zeit
wird der Sack leer werden.

Charlotte DeClue

VON JENER WELT
IN JENE WELT

Man sagte zu ihr: «Woher bist du gekommen?» Sie sprach: «Von jener Welt.» Man sagte: «Und wohin willst du gehen?» Sie sagte: «In jene Welt.» Man fragte: «Was tust du in dieser Welt?» Sie sagte: «Ich bin voll Bedauern.» Sie sagten: «Wieso?» Sie sprach: «Ich esse das Brot dieser Welt und tue das Werk jener Welt.» Man sagte: «Du bist süßredend, du wärest eines Festungsbauers würdig.» Sie sprach: «Ich selbst bin Festungsbauer; was immer in mir ist, lasse ich nicht heraus, und was immer außerhalb von mir ist, lasse ich nicht hinein. Wenn jemand kommt und geht, hat er nichts mit mir zu tun. Ich hüte mein Herz (*dil*), nicht den Lehm (*gil*).» Sie sagten: «Liebst du den Allerhöchsten?» Sie sagte: «Ja.» Sie fragten: «Hassest du den

Teufel?» Sie sagte: «Nein.» – «Warum?» Sie sprach: «Weil ich den Erbarmer so sehr liebe, bin ich dem Teufel nicht gram, denn ich habe den Gesandten Gottes im Traume gesehen, der mich fragte: ‹Rabiʿa, liebst du mich?› Ich sagte: ‹O Gesandter Gottes, wen gäbe es, der dich nicht liebt; aber die Gottesliebe hat mich so völlig ergriffen, daß kein Raum für Freundschaft oder Feindschaft mit irgendeinem anderen geblieben ist.›

Sie sprachen: «Was ist Liebe?» – «Liebe ist aus der Urewigkeit gekommen und geht in die Ewigkeit, und in den achtzigtausend Welten ist keiner, der einen Schluck von ihr trinkt und nicht zuletzt zu Gott geht, und daher kommt das Wort ‹Er liebt sie und sie lieben Ihn› (Sura 5/59).» Sie fragten: «Siehst du Ihn, den du anbetest?» Sie sagte: «Sähe ich Ihn nicht, so würde ich Ihn nicht anbeten.»

Einmal zur Frühlingszeit ging sie in ihr Haus und senkte den Kopf. Ihre Dienerin sprach: «O Herrin, komm heraus und betrachte die Schöpfung!» Rabi'a sagte: «Komm du lieber herein, damit du den Schöpfer siehst – die Betrachtung des Schöpfers hat mich von der Anschauung des Geschaffenen abgelenkt.»

Eine Gruppe von bedeutenden Leuten kamen zu Rabi'a. Sie fragte einen von ihnen: «Warum betest du Gott an?» Er sagte: «Die sieben Ebenen der Hölle sind so gewaltig, und alle müssen daran vorbei – und der Elende ist vor Furcht entsetzt.» Ein anderer sprach: «Die Stufen des Paradieses enthalten einen lieblichen Aufenthaltsort, und dann ist Ruhe versprochen.» Rabi'a sprach: «Ein schlechter Diener ist's, der seinen Herrn aus Furcht vor der Hölle anbetet oder in Hoffnung auf Lohn!» Sie sagten: «Und warum betest du Ihn an,

wenn du das Paradies nicht begehrst?»
Sie sprach: «Erst der Nachbar, dann das
Haus.» *Arabisches Sprichwort*

Man sah sie in den Straßen von Basra,
mit einem Eimer in der einen Hand und
einer Fackel in der anderen. Gefragt,
was das bedeute, antwortete sie: «Ich
will Wasser in die Hölle gießen und
Feuer ans Paradies legen, damit diese
beiden Schleier verschwinden und niemand
mehr Gott aus Furcht vor der
Hölle oder in Hoffnung aufs Paradies
anbete, sondern nur noch um Seiner
ewigen Schönheit willen.»

O Gott, was immer Du mir an weltlichem
Gute zugeteilt haben magst, gib
es Deinen Feinden, und was immer Du
mir an jenseitigem Gut zugeteilt haben
magst, gib es Deinen Freunden – Du
bist genug für mich!
O Gott, wenn ich Dich aus Furcht vor
der Hölle anbete, so verbrenne mich in

der Hölle, und wenn ich Dich in Hoffnung auf das Paradies anbete, gib es mir nicht, doch wenn ich Dich um Deiner selbst willen anbete, so enthalte mir Deine ewige Schönheit nicht vor!

O Gott, mein Tun und mein Wunsch in dieser Welt ist nur, Dein zu gedenken, und im Jenseits nur, Dich zu treffen. Von mir kommt nur, daß ich sage: was immer Du mit mir tun willst, das tue.

Rābiʿa al-ʿAdawiyya (islam. Mystikerin)

GOTTES-DIENST

Wer in diesen Tempel tritt,
Gleichsam läßt die Erdenschranken,
Bringt als Opfergabe mit
Einen reinen Gottgedanken.
Gottgedanke – Rosenblatt,
Dufthauch, den mein Sehnen trinket,
Der sich müd gegaukelt hat,
Sacht ins Herz mir niedersinket.

Orgelstimme. Klangkristall
Rauscht im Strom aus Goldpokalen,
Trägt die Seele froh ins All,
Wäscht sie blank von Staubesmalen.
Taublank darf sie, wahrheitsklar,
Freudvoll sich dem Höchsten neigen;
Ohne irdisch Schwingenpaar
Steigt sie auf in ew'ges Schweigen.

Jauchze, inneres Gebet!
Jauchze ohne Lippenstimme!

Da mein Körpersein vergeht,
Geist, in geist'gem Sein ich schwimme.
Da ich kinderheilig bin,
Mensch, der nie als Mensch gelebet,
Eins mit jedem lautren Sinn,
Der ins Wesenlose schwebet.

Fliegt empor! Die Truhe bricht,
Unsres Lebens Todestruhe:
Freiheit! Wahrheit! Liebe! Licht!
Und kein Rausch – nur Ruhe, Ruhe – – –
Aus des Sterbens fernem Land
Hat mein Denken nichts begleitet.
Nichts. Nur eine Menschenhand,
Jene, die mich hergeleitet. –

Gertrud Kolmar

DAS INNERE LEBEN

Die Seele, die eine rechte Selbsterkenntnis besitzt, erkennt auch Gott und seine Güte. In Gott findet sie sich selbst, und in sich wird sie Gott finden. Denn von Ihm ist sie durch Gnade und nicht auf Grund eines Verdienstes nach Seinem Bilde und Gleichnis geschaffen worden. Ich wiederhole, in Ihm findet sie sich selbst und in Euch findet Ihr die unermeßliche Güte Gottes. Darum verlangt die Seele danach, sich selbst in Gott und Gott in ihrem eigenen Innern zu lieben. Es ist wie bei einem Menschen, der, wenn er in einen Brunnen schaut und darin sein Antlitz wie in einem Spiegel erkennt, sich daran erfreut und sich liebt. Wenn er weise ist, wird er sich mehr vom Brunnen angezogen fühlen als von sich selbst. Denn hätte er sich nicht in dem Brunnen geschaut, so hätte er sich auch nicht an einem Antlitz erfreuen können, und es wäre ihm auch nicht möglich gewesen, sein Antlitz von Schmutzflecken zu reinigen, die er erst durch seine Widerspiegelung im Brunnen entdecken konnte.

Bedenkt also, meine geliebten Kinder, wir können auf keine andere Weise unsere eigene Würde und die Schönheitsfehler der Seele erkennen, es sei denn, wir schauten in das friedvolle Meer der göttlichen Wesenheit, in dem die Seele sich widerspiegelt.

Ich lade Euch ein, stets in der Hütte der Selbsterkenntnis zu verweilen. Ich möchte, daß Ihr in dieser Selbsterkenntnis verharrt, in der Ihr die Güte und das Glutfeuer der göttlichen Liebe zu erkennen vermögt; ich sehne mich danach, Euch im Hause der Selbsterkenntnis verweilen zu sehen. Denn in dieser Selbsterkenntnis werdet Ihr jegliche Tugend erwerben, ohne sie aber wird Euer Leben böse sein und jeglicher vernünftigen Lebenshaltung entbehren. Wir alle sind auf der Pilgerschaft und von Gott auf den Weg des gekreuzigten Heilands verwiesen. Keiner aber kann auf diesem Wege voranschreiten ohne das Licht des Glaubens, denn ohne den Glauben könnte man ja den Ort nicht finden, wo man ausruhen darf, und ohne den Glauben kann auch keiner unterscheiden, was ihm schädlich und was ihm hilfreich ist.

Dieser Ruheort ist die Hütte der Selbsterkenntnis. Wer auf dem Weg der Lehre unseres gekreuzigten Heilands einherschreitet, tritt sofort in diese Hütte, das heißt in sein Inneres, ein. In dieser Hütte wird er seinen Hauptfeind finden, der ihn verletzen will, nämlich seine Sinnlichkeit, die sich mit dem Mantel der Selbstliebe bedeckt. Dieser Feind bringt viele andere Gesellen mit sich, unter diesen zwei Hauptgehilfen. Der erste ist die Welt mit ihren Eitelkeiten und Ergötzungen. Sie verbündet sich sofort mit dem sinnlichen Begehren und den ungeordneten Begierden. Der andere Feind ist der Teufel mit seinen Verführungskünsten und irrigen Eingebungen und lästigen Versuchungen, denen das sinnliche Begehren gern nachgibt und an denen es sich erlustigt. Diese beiden Hauptfeinde haben viele Gehilfen, und alle sind darauf aus, die Seele zu verderben, wenn sie nicht im Licht der Lehre Christi lebt, nicht achtsam nach Hilfe Ausschau hält und keinen Widerstand leistet. Diese Hütte muß nun, wenn die Gegner vertrieben und der Hauptfeind, das unordentliche, sinnliche Begehren, abgetötet ist, mit Tugenden angefüllt und geschmückt werden. Ich lege Wert darauf, daß Ihr darauf achtet. Es genügt nicht, Euch von Lastern befreit zu haben, wenn Ihr nicht zugleich auch noch den Tugendschmuck anlegt.

Die Menschenseele ist wie eine Zelle, in

die wir immer wieder einkehren müssen, um der Wahrheit ansichtig zu werden. Die innere Zelle der Seele ist viel bedeutsamer als jedes äußere Haus. Was müßt Ihr nun betrachten und tun, um diesen guten Willen in Euch zu bewahren? Ich will es Euch sagen: Ihr müßt immer in der Zelle der Selbsterkenntnis verbleiben, in der Ihr Euer Nichtssein erkennt und dessen gewiß seid, daß Ihr Euer ganzes Sein von Gott empfangen habt; dort werdet Ihr auch Eure Fehler erkennen. Ich möchte, daß Ihr diese Zelle ständig mit Euch tragt, überall, wohin Ihr auch geht, in jeder Beschäftigung. Ihr sollt sie nie verlassen, sondern Euch immer darin verbergen, im Chor, im Speisesaal, bei Zusammenkünften und bei den verschiedenen Übungen und in allen Euren Pflichtarbeiten.

Sorge also dafür, daß Du immer zwei Wohnungen hast, eine äußere, in der Du auch gern verweilen mögest, ohne unaufhörlich hin und her zu laufen, es sei denn, das müßtest Du tun aus Gehorsam gegenüber den Oberen oder um dem Nächsten einen Dienst zu erweisen. Trag aber besonders Sorge, daß Du geistigerweise eine zweite Wohnung in Dir trägst: Die Zelle der Selbsterkenntnis, in der Dir dazu noch die Erkenntnis der Dir immer zugewandten göttlichen Liebe geschenkt wird. In der äußeren Wohnung könnt Ihr nicht immer verweilen, die innere Zelle aber besitzt Ihr immer und tragt sie stets mit Euch. Ihr wißt es wohl, solange wir uns in dieser inneren Zelle verborgen halten, können die Feinde uns nichts anhaben.

Wo also erkennen wir Ihn und uns selbst? Wir erkennen Ihn in unserer eigenen Seele. Wir müssen notwendigerweise in diese Zelle der Selbsterkenntnis eintreten, wir müssen das Auge des Geistes öffnen, die Wolke der ungeordneten Eigenliebe vertreiben. Wir werden dann ganz besonders in

Zeiten der Versuchung unser Nichtssein erkennen. Denn wären wir aus uns selbst etwas, dann könnten wir uns auch selbst aus diesen Verstrickungen befreien. So aber haben wir immer hinreichend Grund, uns zu verdemütigen und uns von uns selbst loszulösen. Denn von einem Nichts kann man nichts anderes als eben gar nichts erwarten. Wir werden die Güte Gottes in uns schauen, wenn wir inne geworden sind, daß wir nach seinem Bild und seiner Ähnlichkeit geschaffen wurden und dadurch dazu bestimmt sind, an seiner unendlichen Güte teilzunehmen. Außerdem werden wir noch erkennen, daß er uns, die wir durch die Erbsünde aller Gnade beraubt waren, durch das kostbare Blut seines eingeborenen Sohnes zur Gnade wiedergeboren hat.

Katharina von Siena

YIN UND YANG

Der Anfang aller Lebenserhaltung
ist in Yin und Yang.
Das Grenzenlose kann das Licht
der großen Grenze öffnen.
Eifrig poliert, ist der Spiegel des Geistes
klar wie der Mond.
Das Universum in einem Körnchen
mag hervortreten oder sich verbergen.

Geist und Energie sollen klar sein wie
Nachtluft;
schon immer ist im Lautlosen die
höchste Lust.
Wo Wirklichkeit in der Einbildung ist,
ist Einbildung in der Wirklichkeit,
ein Weilchen spielend mit magischer
Geburt
in der Silberschale.

Du brauchst Gefährten für die Reise

zur Insel der Unsterblichen –
es ist schwer,
die blauen Klippen allein zu
erklimmen...

Nähre den Geist, sei sparsam mit der Energie,
als hieltest du ein gefülltes Gefäß.
Freude entkräftet Yang,
Ärger beschädigt Yin.
Die beiden innerlich klaren Augen
zähmen den Tiger beim Schwanz;
die beiden Ohren in der Dunkelheit
belauschen den Gelben Hof.

Dornenranken soll man abhauen
mitsamt den jungen Sprossen.
In der Essenz erblüht ohne Zutun
ein wunderbarer Lotos.
Eines Tages wird plötzlich
ein Bild aus Licht erscheinen:
Erkennst du das,
so bist du es selbst.

Sun Bu-er (taoistische Weise)

DIE SUCHE
NACH DEM GESICHT

Die Suche nach dem Gesicht, auf die ich gegangen bin, unternahm ich mit meiner Lehrerin vom Stamm der Nord-Cheyenne. Sie ist fünfundachtzig Jahre alt und ist als «Die Hüterin der heiligen Büffelmütze» bekannt. Bei ihrem Volk heißt sie «Die Frau, die alles weiß». Sie und eine jüngere Medizinfrau führten mich an einen Ort in South Dakota, den man Bear Butte nennt. Es ist Prärieland, das allmählich ansteigt und in die Black Hills übergeht. Das ist der traditionelle Ort des Fastens und der Visionssuche für die Sioux und die Cheyenne, und das schon seit Jahrhunderten und aber Jahrhunderten.

Die Cheyenne halten es so, daß du fastest und dich an Leib, Seele und Gefühlen reinigst. Dann begibst du dich für vier Tage und Nächte nur mit einem

Lendenschurz bekleidet und einer Büffelfelldecke auf die Spitze eines Berges, und dort bleibst du, ohne Essen oder Wasser, und betest um ein Gesicht. Auf diese Art Suche bin ich gegangen.
Die jüngere Medizinfrau führte mich die Kuppe hinauf. Sie bereitete und segnete ein Salbeibuschbett auf einem äußerst felsigen Hügel auf halbem Weg. Dies sollte mein Bett sein. Nachdem wir eine Pfeife geraucht und Gebete gesprochen hatten, ließ sie mich allein. Ich brachte also die Zeit dort damit zu, zu fasten und um ein Gesicht zu beten...
Ein paar Wölkchen huschen über den Himmel, aber es ist noch ziemlich warm, später Herbst. Ganz friedvoll liege ich hier einfach da. Und neben mir taucht eine Frau auf, älter als ich, aber eigentlich keine alte Frau. Sie ist sehr einfach angezogen, Wildleder, und es überrascht mich, daß ihr Gewand keine Perlenstickerei aufweist. Sie trägt ihr rabenschwarzes Haar in langen Zöpfen,

und sie steht neben mir und fängt an, zu mir zu sprechen.

Wie sie so zu mir spricht, vernehme ich ihre Worte, jedoch nicht mit den Ohren; eigentlich höre ich sie überhaupt nichts sagen. Mir ist, als flößte sie mir etwas durch den Nabel ein, und es strömt durch mich hindurch, und manches davon kann ich mir zu Worten deuten, aber nicht alles, als gäbe sie mir etwas durch meinen Magen ein und ließe es dann aufsteigen. So müssen die Worte, die ich dem beilege, meine eigenen sein, und im Laufe der Zeit habe ich mehr und mehr von dem entdeckt, was sie mir erzählte...

Sie sagte zu mir, daß die Erde in Not ist, daß das Land in Not ist und daß hierauf diesem Land, dieser Schildkröteninsel, Turtle Island, diesem nordamerikanischen Land, ein Gleichgewichten nottut. Sie sagte, daß die drängende, aggressive, analytische, intellektuelle, aufbauende, machende Energie ein sehr großes Übergewicht über die weibliche, empfangende, gewährende, sich-ergebende Energie gewonnen hat. Sie sagte, was nottut, ist ein Aufrichten und Gleichgewichten. Und da wir das Gleichgewicht verloren haben, müssen wir mehr Nachdruck auf das Sich-Ergeben legen, darauf, empfangend, gewährend, nährend zu sein. Sie sprach zu mir als Frau, und mir war es bestimmt, diese Botschaft vor allem an Frauen weiterzugeben. Aber nicht nur den Frauen tut es not, in dieser Weise zu erstarken; uns allen tut dies not, Männern wie Frauen gleichermaßen.

Frauen sind in diesen Raum hineingeboren. Es ist natürlicher für uns, empfangend und nährend zu sein. So ist es einer Frau in diesem Körper bestimmt. Doch selbst die Frauen in unserer Gesellschaft tun sich dabei schwer. Keine von uns hat jemals gelernt, dies geschehen zu lassen. Wir wissen, wie wir etwas tun, wir wissen, wie wir etwas herstellen, etwas *machen*, etwas versuchen. Aber wir müssen *zulassen*, offen sein, uns ergeben, dienen. Dies sind Dinge, von denen wir nicht viel wissen. Sie sagte mir also, daß vor allem Frauen jenen Ort finden müssen, die Stärke ihres eigenen Ortes finden müssen, und daß auch die ganze Gesellschaft, Männer und Frauen, dieses Gleichgewicht braucht, damit wir uns selbst ins Lot bringen können.

Über solche Dinge sprach sie zu mir, darüber, uns zu reinigen, so daß wir durchlässig sind für Liebe und Licht und Ergebung. Und als sie geendet hatte, stand sie einen Augenblick lang ruhig da. Ihre Füße blieben an Ort und Stelle, sie aber schoß über das Firmament in einem Regenbogen, der sich über die Himmel spannte, mit ihrem Kopf an der Spitze des Bogens. Und dann begannen die Lichter, die den Regenbogen bildeten, zu erlöschen, beinah wie ein Feuerwerk am Himmel, erloschen von ihren Füßen aus und erloschen und erloschen. Und sie war fort.

Jeder von uns kann träumen, aber wenn du ein Gesicht suchst, so tust du dies nicht nur für dich selbst, sondern auf daß die Menschen leben mögen, daß für uns alle das Leben besser werde, nicht nur für mich, sondern für alle Menschen.
Ich sehe meine Aufgabe darin, in jeder mir möglichen Weise dazu beizutragen, daß die Erde geheilt werde. Ich fühle, daß wir in einer Zeit leben, in der die Erde verzweifelt nach Heilung verlangt. Überall, wo wir hinsehen: Trockenheiten, Erdbeben, Stürme, Umweltverseuchung. Ja, die Erde selbst verlangt nach Heilung. Und ich fühle, daß in jeder Weise, in der ich helfen kann, meine Berufung liegt: sie ganz, das heißt heil zu machen, auf diese Ganzheit acht zu haben, nicht nur in uns selbst, sondern auch in der Verbindung zur Erde.

In der Philosophie der wahren Indianer ist Indianersein eine Haltung, ein Geisteszustand; Indianersein ist ein Daseinszustand, der Ort des Herzens. Dem Herzen gewähren, der Energieverteiler auf diesem Planeten zu sein; deinem Herzen, deinem Empfinden, deinem Fühlen gewähren, deine Energie zu verteilen; jene Energie aus der Erde zu ziehen und vom Himmel herunter; sie herunterzuziehen und vom Herzen – der wahren Mitte deines Wesens – aus zu verteilen, das ist unsere Aufgabe.

Brooke Medicine Eagle
(Schamanin der Nez Percé und Sioux)

DIE ERLEUCHTUNG
DER SCHAMANIN

Das große Meer treibt mich an,
es treibt mich um,
ich treibe wie die Alge im Fluß.
Der Himmelsbogen und der Stürme Macht
treiben den Geist in mir auf,
bis es mich fortträgt,
vor Freude bebend.

Uvavnuk (Netsilik-Eskimo)

EINSSEIN MIT GOTT

Wie gute Augen ein Mensch auch hat, er kann über eine Meile Weges nicht hinaussehen. Wie scharfe Verstandessinne der Mensch auch hat, er kann unsinnliche Dinge nur mit dem Glauben verstehen, [sonst] tappt er wie ein Blinder in der Finsternis. Die minnende Seele, die alles minnt, was Gott minnt, und alles haßt, was Gott haßt, besitzt ein Auge, das Gott erleuchtet hat. Damit sieht sie in die ewige Gottheit, wie die Gottheit mit ihrer Natur in der Seele gewirkt hat. Er hat sie nach sich selbst gebildet, er hat sie eingepflanzt in sich selbst, er hat sich ihr von allen Kreaturen am allermeisten vereint und von seiner göttlichen Natur so viel in sie gegossen, daß sie anders nichts sagen kann, als daß er in aller Vereinigung mehr als ihr Vater ist...

Nun höre: Was wir erkennen, ist alles nichts, wenn wir Gott nicht in allen Dingen geordnet minnen, so wie er selbst alle Dinge in geordneter Weise erschaffen hat und es uns selbst geboten und gelehrt hat.

Daß der Mensch ohne Unterlaß mit Gott eins sei, das ist himmlisches Entzücken, über aller Lust dieser Erde. Wie kann uns solches geschehen? Höre! Unser Verlangen soll nie unser Werk verlassen, und wir sollen ohne Unterlaß unser Werk prüfen durch Glauben und die Erkenntnis des Göttlichen. Dann preisen wir Gott unsern Herrn mit allen unseren Werken um all seiner Werke willen, die er je aus Liebe zu uns auf dieser Erde tat. So sind wir durch himmlische Liebe eines mit ihm und seinen Werken auf Erden.

Mechthild von Magdeburg

SUBHĀ, DES GOLDSCHMIEDS TÖCHTERLEIN

Als junge Maid, im lichten Kleid,
Vernahm ich einst der Lehre Wort,
Und ernst und innig horcht' ich auf:
Die Wahrheit ward mir offenbar.

Da hat vor allem Weltgenuß
Ein tiefer Ekel mich erfaßt,
Entsetzen vor der Leibeslust:
Entsagung, ach, ersehnt' ich mir!

Verlassen hab' ich Eltern bald,
Geschwister, Freunde, Dienertroß,
Und Feld und Anger, blütenreich,
Und was noch lieblich lockt und reizt:
Gelassen hab' ich, heimatlos,
Ein reiches Erbe gern zurück.

So zog ich fort aus Zuversicht,
Mit wahrer Satzung wohl versehn:
Wie möcht' es heute ziemen mir

Begehr zu hegen, dulden gar?
Wo Gold ich warf und Silber weg,
Da sollt' ich wieder heimisch sein?

Ja, Silber, sicher, gibt und Gold
Erkenntnis nicht und keine Ruh':
Nicht kann Asketen taugen das,
Der Reinen Reichtum ist es nicht.

Verlangen läßt es, macht uns matt,
Verwirrung wirkt es, züchtet Staub,
Verstörung zeugt es, treibt Verdruß,
Zerrinnt gar eilig, ohne Rast.

Darum ereifern Menschen sich,
Beschmutzen schmählich ihren Sinn,
Und einer reibt den andern auf,
Und alle ringen insgesamt.

Verderben kürt man, Kerker, Tod,
Verlust und Leiden, Qual und Not:
Wer nach Genüssen geifernd giert
Muß elend also untergehn.

Was wollt ihr, die mir Sippe seid,
Wie Feinde listig locken mich?
Erkennt mich als Asketin an,
Verleidet ist mir all die Lust.

Um Schätze nicht und nicht um Gold
Ist Wahnversiegung feil gesetzt:
Wie Mörder morden lauert Lust,
Und sticht und stachelt, bändigt bald.

Was wollt ihr, die mir Sippe seid,
Wie Feinde listig locken mich?
Erkennt mich als Asketin an,
Geschoren kahl, gekleidet fahl.

Nur Bettelbrocken, Bettelrest,
Nur Fetzenkittel, Fetzenrock
Darf taugen mir, geziemen mir,
Was heimentwöhnten Büßern frommt.

Verliehen hat der Meister Lust,
So Götterlust, so Menschenlust:
Wer ewig abgefesselt geht
Ist unerfaßbar unbewegt.

Nicht will in Lüsten um ich gehn,
Wo Rettung nirgend ist bereit:
Wie Mörder morden lauert Lust,
Wie Flammen flackern lodert Lust.

Unselig ist sie, voll Gefahr,
Von Qual und Jammer, Angst und
 Graus,
Die Gier, die zick und zack uns jagt,
Die große Falle, die uns fängt,

Und grimmig anpackt, gräßlich greift!
Wie Schlangenrachen lungert Lust,
Woran der Tor sich letzen mag,
Der blöde, der gemeine Mensch.

Im Sumpfe sinken viele fest,
Unwissend elend in der Welt,
Und finden, ach, die Grenze nicht,
Die Grenze von Geburt und Grab.

Auf übler Fährte wandeln sie,
Von Lust verleitet, oft hinab:
Die Menschen fördern Werk um Werk,
Das böse Frucht gebären muß.

So züchten Lüste Kummer auf,
Versehren uns, besudeln uns,
Sind Lockspeis', Köder dieser Welt,
Des Todes Netze sind sie nur,

Und reizen uns zur Raserei!
Den Geist zermartern, meucheln sie:
Zu ludern geil die Wesen an
Hat Schlingen schlau der Tod gelegt.

Unendlich ist der Lüste Qual,
Von Jammer voll und voll von Gift
Und Bitternis und Zorn und Zank,
Verzehrend unser besser Teil.

Da solches Elend ich gesehn
Wo Lust gebietet, Lust regiert,
Begehr' ich keine Wiederkehr,
Erloschen ewig, wahnerlöst.

Bekriegt, gekreuzt ist all die Lust!
Will ausgeglüht verglommen sein,
Beharrlich heiter, Tag um Tag,
Von ihrem Frone längst entfrönt.

Auf holder Fährte, sicher, hell,
Auf reinen Pfaden, achtmal recht,
Hinüber geh' ich, folge nach
Den Siegern, die gegangen sind.

Und heute seht mich heilig stehn,
Subhā, des Goldschmieds Töchterlein,
Unsehrbar sinnen, unverstört
Im stillen Walde, baumbeschirmt.

Ich hab' entsagt aus Zuversicht,
Bin tugendhell am achten Tag!
Uppalavaṇṇā riet mir recht:
Drei Wissen warb ich, schlug den Tod.

Entknechtet bin ich, bin entsühnt,
Als Nonne nüchtern, rein gereift,
Von jedem Joche losgelöst,
Vollendet ewig, suchtversiegt.

Und Sakko kam in lichtem Schein:
Mit Götterscharen zog er an
Und grüßte hell, der Geisterherr,
Subhā, des Goldschmieds Töchterlein.

(aus: *Therigātā*)

GLAUBENSBEKENNTNIS

Es gibt eine Wirklichkeit, die außer der Welt liegt, das heißt außer Raum und Zeit, außerhalb der geistigen Welt des Menschen, außerhalb jedes Bereichs, der den menschlichen Fähigkeiten zugänglich ist.

Dieser Wirklichkeit entspricht im innersten Herzen des Menschen jene Forderung nach einem absoluten Guten, die dort immer wohnt und in dieser Welt niemals ein Ziel findet.

Sie wird auch hienieden offenbar durch die Absurditäten, die unlösbaren Widersprüche, auf die das menschliche Denken immer dann stößt, wenn es sich nur in dieser Welt bewegt.

So wie die Wirklichkeit dieser hiesigen Welt die einzige Grundlage der Fakten ist, so ist die andere Wirklichkeit die einzige Grundlage des Guten.

Von ihr allein steigt in diese Welt jedes Gute herab, das dort existieren kann, jede Schönheit, jede Wahrheit, jede Gerechtigkeit, jede Legitimität, jede Ordnung, jede Unterordnung des menschlichen Verhaltens unter Verpflichtungen. Die Forderung nach dem absoluten Guten, die im innersten Herzen wohnt, und die, wenn auch virtuelle, Macht, Aufmerksamkeit und Liebe über die Welt hinaus zu richten und von dorther Gutes zu empfangen, bilden zusammen ein Band, das ausnahmslos jeden Menschen mit der anderen Wirklichkeit verknüpft.

Wer immer diese andere Wirklichkeit anerkennt, anerkennt auch dieses Band. Um seinetwillen gilt ihm jedes menschliche Wesen ohne eine einzige Ausnahme als etwas Heiliges, vor dem er zur Ehrfurcht verpflichtet ist.

Es gibt nichts anderes, das uns zu einer allgemeinen Ehrfurcht vor allen menschlichen Wesen veranlassen könnte. Welche Formel des Glaubens oder Unglaubens ein Mensch auch gewählt haben mag, der, dessen Herz bereit ist, diese Ehrfurcht zu bekunden, anerkennt tatsächlich eine andere Wirklichkeit als die dieser Welt. Der, dem diese Ehrfurcht tatsächlich fremd ist, dem ist auch die andere Wirklichkeit fremd.

Die Wirklichkeit dieser hiesigen Welt ist aus Verschiedenheiten zusammengesetzt...

Die Aufmerksamkeit, die nur in dieser Welt wohnt, ist der Wirkung dieser Ungleichheiten völlig unterworfen, und kann sich ihr desto weniger entziehen, als sie sie nicht wahrnimmt.

Inmitten der tatsächlichen Ungleichheiten kann die Ehrfurcht nur dann eine gleiche gegen alle sein, wenn sie auf etwas in allen Gleiches gerichtet ist. Die Menschen sind verschieden in ausnahmslos allen Verhältnissen, die sie mit Dingen verknüpfen, die dieser Welt angehören. Identisch ist in ihnen allen einzig das Vorhandensein einer Verbindung mit der anderen Wirklichkeit.

Alle menschlichen Wesen sind absolut identisch, insofern sie als Wesen verstanden werden können, die aus einer zentralen Forderung nach Gutem bestehen, um welche seelische und körperliche Materie gelagert ist.

Die wirklich über die Welt hinausgerichtete Aufmerksamkeit tritt in der Tat allein mit der Wesensstruktur der menschlichen Natur in Berührung. Sie allein besitzt eine immergleiche Fähigkeit, auf jedes beliebige menschliche Wesen Licht zu verbreiten.

Wer diese Fähigkeit besitzt, dessen Aufmerksamkeit ist auch in der Tat über diese Welt hinausgerichtet, ob er dessen gewahr wird oder nicht.

Simone Weil

AUF DER SUCHE
NACH WAHRHEIT

Wenn der Geist sich auf das konzentriert, was Frieden gibt, und der Blick auf dem ruht, was den Frieden stärkt, wenn die Ohren dem lauschen, was das Herz mit Frieden erfüllt, und wenn Ihr zu allen Zeiten die Antwort dessen vernehmt, der der Frieden selbst IST, nur dann kann Friede versprochen werden.

Die Hoffnung zu verlieren heißt alles zu verlieren. Aber hat sich dieser totale Verlust wirklich ereignet? Quillt Dein Herz nicht immer noch über von Wünschen und Hoffnungen? Völlige Resignation bedeutet tiefste Freude. Nimm sie an als Deine einzige Kraftquelle. Was immer Gott irgendwann tut, ist vollkommen segensreich. Wenn Du das annehmen kannst, wirst Du Frieden finden.

Ganz gleich, welche Arbeit zu irgendeiner Zeit getan werden muß, schenk ihr Deine volle Aufmerksamkeit, und erledige sie gründlich. Verlaß Dich unter allen Umständen auf Gott. In Wahrheit: ER durchdringt alles, und Du kannst IHN daher überall finden, auch bei Deiner Arbeit. Mit Deinem ganzen Sein ruf nach dem Herrn des Lebens.

Ein Mensch, der nicht zu jeder Zeit um der Liebe Gottes willen und mit fröhlichem Herzen jede Verantwortung annimmt, die ihm auferlegt ist, wird das Leben sehr belastend finden und nie fähig sein, irgend etwas Wesentliches zustande zu bringen. Es ist die Aufgabe der Menschen, vor allem jener, die die Höchste Frage zu ihrem einen und einzigen Ziel gemacht haben, freudig für die geistige «Emporhebung» der Welt zu arbeiten, in der Überzeugung, daß aller Dienst Sein Dienst ist. Arbeit, die in diesem Sinne getan wird, reinigt Herz und Geist.

Die Wahrheit selbst wird dem in jeder Weise helfen, der auf der Suche nach Wahrheit ausgezogen ist.

Auf der Reise durchs Leben bleibt niemand ungeschoren. Die Pilgerfahrt zum Gipfel menschlicher Existenz ist der einzige Pfad zum Glück. Versuche, diesen Pfad zu gehen, auf dem es die Frage: Schmerz oder Freude? nicht gibt. Den Pfad, der zur Freiheit von Ichsucht und zur Höchsten Freude führt.

In allem und jedem ist nur das Eine Selbst. Sogar das Gefühl der Abwesenheit Gottes ist Seine Manifestation – so daß Seine Gegenwart manifestiert werden möge.

Ānandamayī Mā (hinduistische Heilige)

«ICH LEBE, ICH WEISS, ICH WILL, ICH LIEBE»

Ist das Ich Quelle des Lebens? Da das Leben das *Sein* des Ich ist, würde das zugleich heißen, daß es sein Sein *aus sich selbst* hätte. Das stimmt aber offenbar nicht zu den merkwürdigen Eigentümlichkeiten dieses Seins: zu der Rätselhaftigkeit seines Woher und Wohin, den unausfüllbaren Lücken in der ihm zugehörigen Vergangenheit, der Unmöglichkeit, das, was zu diesem Sein gehört (die Gehalte), aus eigener Macht ins Sein zu rufen und darin zu erhalten, vor allem aber damit, wie das Ich selbst *ist* und wie es sein eigenes Sein erlebt. Es findet sich als lebendiges, als gegenwärtig seiendes und zugleich als aus einer Vergangenheit kommendes und in eine Zukunft hineinlebendes vor – *es selbst und sein Sein sind unentrinnbar da, es ist ein «ins Dasein geworfenes»*.

Das ist aber der äußerste Gegensatz zur Selbstherrlichkeit und Selbstverständlichkeit eines *Seins aus sich selbst*. Und sein Sein ist ein von Augenblick zu Augenblick auflebendes. Es kann nicht «halten», weil es «unaufhaltsam» entflieht. So gelangt es niemals wahrhaft in seinen Besitz. Darum sind wir genötigt, das Sein des Ich, diese beständig wechselnde lebendige Gegenwart, als ein *empfangenes* zu bezeichnen. Es ist *ins Dasein gesetzt* und wird von Augenblick zu Augenblick darin erhalten. Eben damit ist die Möglichkeit eines Anfangs und Endes und auch einer Unterbrechung seines Seins gegeben.

Es wird damit vorzüglich zum Ausdruck gebracht, daß der Mensch sich im Dasein vorfindet, ohne zu wissen, wie er hineingekommen ist, daß er nicht aus und durch sich selbst ist und auch aus seinem eigenen Sein keinen Aufschluß über sein Woher zu erwarten hat. Damit wird aber die Frage nach dem Woher nicht aus der Welt geschafft. Man mag noch so gewaltsam versuchen, sie totzuschweigen oder als sinnlos zu verbieten, – aus der Eigentümlichkeit des menschlichen Seins erhebt sie sich unabweisbar immer wieder und verlangt nach einem, der das «Geworfene» wirft. Damit enthüllt sich die Geworfenheit als Geschöpflichkeit.

Streng genommen ist «voll-lebendig» nur das, was im Jetzt sich vollzieht; aber das Jetzt ist ja ein unteilbarer Augenblick, und was ihn erfüllt, «sinkt» unmittelbar danach «in die Vergangenheit zurück», und jedes neue Jetzt ist von neuem Leben erfüllt. Nun kommt aber eine große Schwierigkeit. Wenn zeitliches Sein immer sofort in Nicht-Sein übergeht, wenn in der Vergangenheit nichts «stehen und bleiben» kann, was hat dann die Rede von Dauereinheiten für einen Sinn? Wie kann eine Einheit erwachsen, die über den Augenblick hinausreicht?

Das Ich-Leben erscheint uns als ein stetiges Aus-der-Vergangenheit-in-die-Zukunft-Hineinleben, wobei beständig Potentielles aktuell wird und Aktuelles in Potentialität zurücksinkt – deutsch ausgedrückt: noch nicht Voll-Lebendiges die Höhe der Lebendigkeit erreicht und volles Leben zu «gelebtem Leben» wird. Das Voll-Lebendige ist das «Gegenwärtige», das «Gelebte» ist «vergangen», das noch nicht Lebendige «zukünftig». Können wir nun von einer Dauereinheit sprechen, die sich – als ein *Seiendes* – aus der Vergangenheit durch den gegenwärtigen Augenblick hindurch in die Zukunft hinein erstreckt und so eine «Zeitstrecke» erfüllt?
Es *gibt* doch so etwas wie Freude, Furcht u. dgl., und zwar als Einheiten, die in einer Bewegung aufgebaut werden müssen und dazu Zeit brauchen. Diese Bewegung ist mein Leben oder lebendiges Sein. Was sich darin «aufbaut», das umspanne ich jeweils von

dem gegenwärtigen Augenblick her, in dem ich lebendig bin; nichts davon «steht» in der Vergangenheit. Alles, was von dem, was ich war, jetzt noch ist, das ist in mir und mit mir im gegenwärtigen Augenblick. Wo stehen aber jene Einheiten, wenn nicht in der Zeit?

Die Idee des ewigen Seins wird für das Ich, das sie einmal erfaßt hat, zum *Maß* seines eigenen Seins. Wie kommt es aber dazu, darin auch die *Quelle* oder den *Urheber* seines eigenen Seins zu sehen? Die Nichtigkeit und Flüchtigkeit seines eigenen Seins wird dem Ich klar, wenn es sich *denkend* seines eigenen Seins bemächtigt und ihm auf den Grund zu kommen sucht. Es rührt auch daran vor aller rückgewandten Betrachtung und Zergliederung seines Lebens durch die *Angst*, die den unerlösten Menschen in mancherlei Verkleidungen – als Furcht vor diesem und jenem –, im letzten Grunde aber als Angst vor dem eigenen Nichtsein durchs Leben begleitet, ihn «vor das Nichts bringt».

Der Name, mit dem jede Person sich selbst als solche bezeichnet, ist «Ich». «Ich» kann sich nur ein Seiendes nennen, das in seinem Sein seines eigenen Seins inne ist und zugleich seines Unterschiedenseins von jedem anderen Seienden. Jedes Ich ist ein Einmaliges, es hat etwas, was es mit keinem anderem Seienden teilt, d.h. etwas *Unmitteilbares*. Im Namen «Ich» liegt das jedenfalls nicht. Das Unmitteilbare, das zu jedem Ich als solchem gehört, ist eine *Eigentümlichkeit des Seins:* jedem entquillt sein Sein, das wir *Leben* nennen, von Augenblick zu Augenblick und wird zu einem *in sich geschlossenen* Seienden, und jedes ist in seiner Weise *für sich selbst da* wie für kein anderes Seiendes, und wie kein anderes für es da ist. Jeder Mensch ist «ein Ich». Jeder fängt einmal an, sich «Ich» zu nennen. Darin liegt, daß auch sein «Ichsein» einen Anfang hat.

Es gibt bei Gott nicht – wie beim Menschen – einen Gegensatz von Ichleben und Sein. Sein «Ich bin» ist ewig-lebendige Gegenwart, ohne Anfang und Ende, ohne Lücken und ohne Dunkelheit. Dieses Ichleben hat alle Fülle in sich und aus sich selbst: es empfängt nichts anderswoher – es ist ja das, woraus alles andere alles empfängt, das alles andere Bedingende, selbst Unbedingte. Es gibt darin keine wechselnden Gehalte, kein Auftauchen und Versinken, keinen Übergang von Möglichkeit zu Wirklichkeit oder von niederer zu höherer Wirklichkeit: die ganze Fülle ist ewig-gegenwärtig, d.h. alles Seiende.
Das «Ich bin» heißt: Ich lebe, Ich weiß, Ich will, Ich liebe – all das nicht als ein Nacheinander oder Nebeneinander

zeitlicher *Akte* sondern von Ewigkeit her völlig eins in der Einheit des *einen* göttlichen *Aktes*, in dem alle verschiedenen Bedeutungen von *Akt* – wirkliches Sein, lebendige Gegenwart, vollendetes Sein, geistige Regung, freie Tat – völlig zusammenfallen. Das göttliche Ich ist kein leeres, sondern das in sich selbst alle Fülle bergende, umschließende und beherrschende. Seine vollkommene Einheit kommt noch besser zum Ausdruck in einer Sprache, die für das «Ich bin» ein einziges Wort hat, etwa in dem lateinischen *sum*. Beim Ich, bei dem das Sein Leben ist, können wir es am ehesten fassen, daß *Ich* und *Leben* oder *Sein* nicht zweierlei ist, sondern untrennbar eins: die *Fülle des Seins persönlich geformt.*

Edith Stein

DER ENGEL IM WALDE

Ich aber traf ihn nachmittags im Wald.
Ein Wunder, das durch Buchenräume
   ging,
So menschenfern, so steigend die
   Gestalt,
Daß blaue Luft im Fittich sich verfing;

Das Antlitz schien ein reines, stilles
   Leid,
Sehr sanft und silbrig rieselte das Haar,
In großen Falten schritt das weiße
   Kleid.
Er schaffte nichts, er sagte nichts; er
   war.

Und nichts an ihm, was schreckte, was
   verbot.
Und dennoch: keines Sterbens Weg-
   genoß,
Daß meine Lippe, ob auch unbedroht,

Erstaunten Ruf, die Frage stumm verschloß.

Ein Blatt entwehte an sein Gürtelband,
Vergilbt und schon ein wenig krausgerollt;
Er fing und trug es in der schmalen Hand
Wie ein Geschenk aus Bronze und aus Gold.

Wer sah ihm zu? Das Eichhorn, rot am Ast,
Und Rehe, die das Buschwerk schnell verlor.
Und Erlen wanden schon im Abendglast
Wie schwarze Schlangen züngelnd sich empor.

Er regte kaum die dünne Blätterschicht
Mit weichem Fuß. Er hatte ewig Zeit
Und zog: wohin? In Stadt und Dörfer nicht.
Er wallte außer aller Wirklichkeit.

Nicht unsre Not, nicht unser armes
 Glück,
Nur keusche Ruhe barg sein
 Schwingenpaar.
Ich folgte nach und stand und blieb
 zurück.
Er brachte nichts, er sagte nichts: er
 war.

Gertrud Kolmar

DIE FREIHEIT DER SEELE
IN DER EKSTASE

Es kommt dem Ekstatischen vor, als sei er in eine Region entrückt, ganz verschieden von der, in welcher wir uns befinden. Dort erscheint auch ein Licht, ganz anders denn das unsere, so daß, wenn jemand all sein Leben sich anstrengen würde, dergleichen willkürlich in sich hervorzurufen, es ihm weder mit diesem Licht noch dem in ihm gesehenen gelingen würde. Es geschieht zuweilen, daß er in diesem Licht mit einem Mal eine solche Menge von Gegenständen sieht und erlernt, daß er in anderer Weise durch Nachdenken vieler Jahre nicht den tausendsten Teil davon erlangen würde…

Im höchsten Grad der Ekstase werden alle Seelenvermögen so gebunden, daß sie nicht mehr vernommen werden und man nicht weiß, was in ihnen vorgeht, und das nur der engen Einigung mit Gott und der Transformation in Gott wegen. Solches kann jedoch niemals sehr lange dauern. Und doch verlängert sich bisweilen die Dauer der Ekstase auf Stunden hinaus: weil Gott, nachdem Er die Seele mit all ihren Kräften und Vermögen zunächst gerne an sich gezogen hat, dann vielleicht zwei derselben entläßt, etwa das Gedächtnis und das Denkvermögen, und bloß den Willen mit sich verbunden erhält, nachdem die volle Immersion nur kurze Zeit gedauert hat.

Obgleich alsdann der Wille, in seiner Einigung mit Gott, die Entlassenen so an sich hält, daß sie ihn nicht zu hemmen vermögen, ist diese gehaltene Sammlung doch nicht so eng geschlossen, daß im Verlauf der ganzen Dauer der Ekstase gar keine Betätigung des Gedächtnisses und Denkvermögens möglich wäre. Nur das läßt sich behaupten, daß beide Vermögen in der

Ekstase gemeinhin in Gottes Lob aufgehen oder das, was in der Seele sich begibt, einzusehen vollauf beschäftigt sind. Doch zeigen sie sich dazu nicht hinreichend tauglich und erweckt, sie sind vielmehr in einem Zustand wie ein Mensch, der aus tiefem Schlaf und Traume noch nicht vollkommen erwacht.

Kommt es nun zu einer intellektualen Vision, dann erfolgt, so viel ich einsehe, in dem Seelenvermögen oder in den Sinnen gar keine Bewegung, weswegen auch der Teufel keine Gelegenheit findet, mitzuwirken; aber das tritt nur selten und dann immer nur vorübergehend ein. Ein anderes Mal sind dabei die Vermögen nicht ganz gehöht und gebunden, noch die Sinne ganz geschlossen, beide nur in sich gesammelt. Wenn aber Gott durch eine volle und wahre Vision etwas offenbart, dann prägt Er Sich Selbst dem Innersten der Seele so tief ein, daß, wenn sie hernach wieder zu sich kommt, sie in keiner Weise Zweifel hegen mag, sie sei in Gott und Gott in ihr gewesen, und die Wahrheit dieser Überzeugung haftet so fest in ihr, daß sie doch nimmer der empfangenen Gnade vergessen könnte, auch wenn Gott hernach Jahre hindurch die nur einmal gewährte Gnade nicht mehr wiederholen würde.

Wie es aber geschieht, daß die in einem solchen intellektualen Gesicht geschauten Gegenstände, obgleich nicht gesehen, doch so unvertilgbar dem Gedächtnis sich einprägen, kann ich nicht erklären; aber das weiß ich für gewiß, daß ich die Wahrheit sage, und wenn jemand diese Sicherheit nicht in sich erführe, von dem möchte ich nicht behaupten, daß seine ganze Seele mit Gott je geeinigt gewesen, nur etwa ein unteres Vermögen, oder daß ihm sonst eine Gnade von Gott widerfahren.

Bisweilen knüpft sich der Verkehr der Verbundenen durch Worte, die Gott ins

Innerste der Seele spricht, so zwar, daß die Seele, die bei einem bloß eingebildeten Gespräch nach Willkür ihre Aufmerksamkeit abwenden kann, hier schlechterdings aufmerken muß. Diese Worte sind dann kurz, gedrängt, und sie bergen in engster Form den reichsten Inhalt, so daß ein Wort nicht nur vieles, sondern selbst solches umfaßt, was sonst mit Worten gar nicht ausgesprochen zu werden vermag. Sie sind dabei höchst wirksam, indem die Tat unmittelbar der Rede folgt, so daß, wenn sie etwa lauten: Fürchte nicht!, sogleich alle Ängste, alle Zaghaftigkeit, ja selbst alle Zweifel an der Wahrheit des Gesichtes weichen und die Seele sich sogleich klar und beruhigt findet und nie mehr vergißt, was ihr widerfahren. Und solche Wirkungen treten bei bloß imaginären Reden niemals ein.

Was empfindet nicht die Seele, die von ihrer Höhe wieder zum Verkehr mit

Menschen herabsteigen, wieder das traurige Gaukelspiel dieses Lebens anschauen, wieder die Zeit damit verschwenden muß, durch Essen und Schlafen den Leib zu erhalten! Sie jammert nach ihrer Freiheit, wie der Apostel Paulus, und dies geschieht zuweilen mit solch einem stürmischen Drang, als wolle die Seele aus dem Kerker des Leibes in die Freiheit entfliehen und nicht darauf warten, ob sie ihr gewährt wird. Sie wandelt umher wie eine verkaufte Sklavin im fremden Land, und was sie am tiefsten schmerzt, ist die Wahrnehmung, wie glühend die meisten Menschen dies erbärmliche Leben lieben und wie wenige sich mit ihr verbunden fühlen und nach der Heimat verlangen.

Teresa von Avila

DIE FRAU DES LICHTES
BIN ICH

Ich bin María Sabina. Sie ist die Frau, die wartet. Sie ist die Frau, die erprobt. Sie ist die Frau des Sieges. Sie ist die Frau des Denkens, die Frau, die erschafft. Sie ist die Frau, die heilt. Sie ist die Sonnenfrau, die Mondfrau, die Frau, die deutet.
Es liegt eine Welt jenseits der unseren, eine Welt, die ist weit weg, ganz nah und unsichtbar. Und es ist dort, wo Gott weilt, wo die Toten weilen, die Geister und die Heiligen, eine Welt, in der alles schon geschehen und alles bekannt ist. Jene Welt spricht. Sie hat eine eigene Sprache. Ich gebe wieder, was sie sagt.
Der heilige Pilz nimmt mich bei der Hand und führt mich in jene Welt, in der alles bekannt ist. Sie sind es, die heiligen Pilze, die auf eine Weise sprechen, die ich verstehen kann. Ich frage

sie, und sie antworten mir. Wenn ich von der Reise zurückkehre, die ich mit ihnen unternommen habe, so erzähle ich, was sie mir erzählt haben und was sie mir gezeigt haben...
Der Pilz gleicht deiner Seele. Er führt dich dorthin, wo deine Seele hin will. Und nicht alle Seelen sind gleich. Viele Leute der Sierra haben ihn genommen und nehmen ihn, aber nicht jeder tritt in die Welt ein, in der alles bekannt ist. Auch Ana María, meine Schwester, fing mit mir zusammen an, sie einzunehmen, hatte dieselben Gesichte, sprach zu den Pilzen, aber die Pilze enthüllten ihr nicht alle ihre Geheimnisse. Die Geheimnisse, die sie mir enthüllten, stehen geschrieben in einem dicken Buch, das sie mir zeigten und das in einer Gegend weit entfernt von ihrer Welt zu finden ist, in einem großen Buch. Sie gaben es mir, als meine Schwester Ana María krank wurde...
Ich blätterte das Buch durch, viele be-

schriebene Seiten, und mir fiel ein, daß ich ja leider nicht lesen konnte. Ich hatte nichts gelernt, und daher würde mir das Buch nichts nützen. Plötzlich wurde ich gewahr, daß ich las und alles verstand, was in dem Buch geschrieben stand, und daß ich irgendwie reicher, weiser wurde und daß ich in einem einzigen Augenblick Millionen Dinge lernte. Ich lernte und lernte...

Ich brauchte das Buch nicht noch einmal zu sehen, denn ich hatte alles gelernt, was darin stand. Aber den Geist, der es mir gegeben hatte, sah ich wieder und auch andere Geister und andere Länder; und ganz nah sah ich die Sonne und den Mond, denn je weiter du in die Welt der heiligen Pilze vordringst, desto mehr Dinge gibt es zu sehen. Und du siehst auch unsere Vergangenheit und unsere Zukunft, die dort als ein Eines beieinander sind, bereits vollbracht, bereits geschehen.

Ich kannte und sah Gott: eine ungeheure Uhr, die tickt, die Sphären, die langsam kreisen, und im Innern die Sterne, die Erde, das gesamte All, der Tag und die Nacht, das Weinen und das Lachen, die Freude und der Schmerz. Wer bis zum letzten um das Geheimnis des heiligen Pilzes weiß, vermag sogar, das unendliche Uhrwerk zu sehen…

Frau des Raumes bin ich,
Frau des Tages bin ich,
Frau des Lichtes bin ich,
Begabte Frau bin ich, geehrte Frau bin ich,
Frau von Jagdhunden bin ich,
Frau die prüft bin ich,
Wirbelnde Frau des Wirbelwinds bin ich, Frau eines heiligen, verzauberten Ortes bin ich,
Adlerfrau bin ich, und Uhrfrau bin ich,
Ist es nicht so?…

Freut euch, freut euch, freut euch…
Freut euch, seid ohne Sorge,

Schaut auf die Welt,
Die Welt ist schön.

Denn ich trage dein Herz, Schirm-
 mutter,
Mutter Prinzessin, denn ich trage dein
 Herz, Mutter,
Denn ich trage dein Herz, Vater,
Denn ich trage deine Züge,
Grad wie meine Gedanken rein sind,
Grad wie mein Herz voll Größe ist,
 wenn auch klein,
Wie mein Empfinden und mein Herz
 Größe fühlen,
Wie meine Gedanken rein sind,
Dort ist, wo ich mit dir bin, Mutter...

María Sabina (Seherin und Heilige der Mazateka)

LIEBE WIRKT WOHLGEFALLEN

Einst erkannte ich in der Betrachtung besonders deutlich meine innere Häßlichkeit, und ich hatte ein solches Mißfallen an mir, daß ich mir mit Bangen die Frage stellte, ob ich Gott je gefallen könnte, da er so viele Flecken an mir sehe; denn wo ich nur einen einzigen entdecke, da werde das alles durchdringende Auge Gottes eine Unzahl erblicken. Da hörte ich die tröstliche Antwort: Liebe wirkt Wohlgefallen. Und ich entnahm daraus: Wenn schon bei irdischen Menschen die Liebe so viel vermag, daß sie trotz körperlicher Mißgestalt zu lieben fähig ist, wie darf man dann Mißtrauen gegen Gott haben, der ganz Liebe ist, als vermöchte er nicht durch die Kraft seiner Liebe die Seelen sich wohlgefällig machen, die er lieben will.

Gertrud die Große

DIE NONNE SUNDARĪ
UND DER MEISTER

*Sundarī bittet bei den Nonnen um
Aufnahme; eine Nonne antwortet:*

Wohlan, dein Wunsch, er sei gewährt,
Gelingen soll dein Sehnen dir!
Mit Bettelbrocken, Bettelrest,
Im Fetzenkittel, Fetzenrock
Zufrieden wandelnd immerdar
Wirst nach dem Tode sein erlöst.

Sundarī: (später)

O Schwester, weil ich kämpfte kühn
Ward himmlisch hell mein Angesicht,
Vergangnes Wesen seh' ich nun,
Und was ich war und wo ich war.

Von dir bedeutet, weises Weib,
Der Schwestern feinste, beste du,
Erfand ich mir drei Wissen wohl:
Das Meisterwort, es ist erfüllt.

Entlaß mich nun, o Teure du:
Will wandern hin gen Sāvatthī
Und rufen lauten Löwenruf
Ihm zu, dem höchsten Siegerherrn!

Die Nonne:

Du magst ihn sehen, Sundarī,
Den Meister, der wie Gold erglänzt,
Der Unbezähmte zähmen kann,
Der, auferwacht, kein Fürchten kennt.

*Sundarī kommt nach Sāvatthī,
zum Meister hin, und spricht:*

Sieh nahen, Herr, die Sundarī,
Die nirgend haftet, nirgend hangt,
Genesen von Begier, entjocht,
Vollendet ewig, suchtversiegt.

Benāres ließ ich hinter mir,
Bin hergekommen dich zu sehn:
Die dich, o Held, vernommen hat,
Zu Füßen fällt dir Sundarī.

Du bist der Wache, bist der Herr,
Und ich bin, Heil'ger, Tochter dir,
Von echter Artung, munderzeugt,
Vollendet ewig, suchtversiegt.

Der Meister:

Willkommen sei mir, Gute du,
So weit gegangen bist du her!
Ja, Edle kommen also an,
Entbieten ihrem Lehrer Gruß,
Genesen von Begier, entjocht,
Vollendet ewig, suchtversiegt.

(aus: *Therigātā*)

MAN IST EINFACH TEIL
VON ALLEM

Die Erkenntnis, daß jede Handlung, jedes Wort, jeder unserer Gedanken nicht nur unsere Umgebung beeinflußt, sondern auf geheimnisvolle Weise einen wesentlichen Teil des Universums bildet und notwendigerweise in diesem Augenblick geschehen muß, ist ein überwältigendes und erschütterndes Erlebnis.
Es ist wunderbar und beängstigend zugleich. Und wir alle haben das Recht und die Möglichkeit, die Erkenntnis über diesen Sinn des Lebens zu erreichen; man ist ganz *einfach* Teil von allem; die einmalige Vision der Ganzheit...

Irina Tweedie

«DER SCHATTEN
DES LEBENDIGEN LICHTES»

(Brief an Gilbert von Gembloux)

Treuer Diener, ich armselige Frau rede zu dir in der wahren Vision diese Worte. Wenn es Gott gefiele, in diesem Gesichte meinen Leib und meine Seele zu erheben, so wiche dennoch nicht die Furcht aus meinem Sinn und Herzen. Denn ich weiß, daß ich nur ein Mensch bin. Viele Weise sind schon durch erhaltene Wundergaben verwirrt worden. Sie taten manches Geheimnis kund, schrieben das aber in eitler Ruhmsucht sich selbst zu und sind so zu Fall gekommen. Die aber im Aufstieg ihrer Seele Weisheit aus Gott schöpften und sich selbst für nichts erachteten, die sind Säulen des Himmels geworden.

Was sollte werden, wenn ich Armselige mich nicht selbst erkennen würde? Gott wirkt, wo er will, zum Ruhme seines Namens und nicht eines irdischen Menschen. Ich zittere immer vor Furcht, denn ich weiß keine Zuversicht auf irgendwelche Möglichkeit in mir. Ich strecke meine Hände zu Gott aus, daß er mich halte, so wie eine Feder, frei von aller Schwere, vom Winde getragen fliegt. Was ich schaue, vermag ich nicht vollkommen zu erkennen, solange ich im Körper lebe und meine Seele noch unsichtbar ist. Denn in diesen beiden Dingen ist die Unvollkommenheit des Menschen begründet.

Von meiner Kindheit an, da meine Knochen, Nerven und Adern noch nicht gekräftigt waren, schaue ich diese Vision immer in meiner Seele bis auf den heutigen Tag, da ich mehr als siebzig Jahre alt bin. In dieser Vision steigt meine Seele, so wie Gott es will, hinauf in die Höhe des Firmaments und in verschiedene Luftschichten und breitet sich zwischen den verschiedenen Völkern aus, die in entlegenen Gegenden und Orten von mir entfernt sind. Und da ich dies auf solche Weise in meiner Seele schaue, so nehme ich es auch nach dem Wechsel der Wolken und anderer Geschöpfe wahr.

Nicht aber höre ich es mit den äußeren Ohren noch erkenne ich es in den Gedanken meines Herzens oder durch Mitwirkung meiner fünf Sinne, sondern ich schaue es nur in meiner Seele, mit offenen Augen, ohne jemals dabei eine Ekstase erlitten zu haben, wachend bei Tage und bei Nacht...

Die Gestalt dieses Lichtes vermag ich in keiner Weise zu erkennen, wie ich ja auch die Sonnenscheibe nicht vollkommen anblicken kann. In diesem Lichte sehe ich zuweilen, nicht häufig, noch ein anderes Licht, das mir als «das lebendige Licht» bezeichnet wird. Wann und in welcher Weise ich dieses sehe, das weiß ich nicht zu sagen. Aber solange ich es sehe, wird alle Traurigkeit und alle Angst von mir genommen, so daß ich dann wie ein einfältiges Mägd-

lein und nicht wie eine alte Frau bin.
Aber wegen der ständigen Krankheit,
an der ich leide, widerstrebt es mir, die
Worte und Gesichte auszusprechen, die
mir da gezeigt werden.
Wenn aber meine Seele jenes Licht
sieht und genießt, dann werde ich, wie
ich sagte, in eine solche Verfassung versetzt, daß ich allen Kummer und alles
Leid vergesse. Und was ich dann in
dieser Vision schaue und vernehme, das
schöpft meine Seele wie aus einem
Quell, der voll und unerschöpflich
bleibt. Jenes Licht aber, das «der Schatten des lebendigen Lichtes» genannt
wird, entbehrt meine Seele zu keiner
Stunde. Ich sehe es, als schaute ich in
einer lichten Wolke das Firmament
ohne Sterne. Darin sehe ich das, was ich
gewöhnlich rede und was ich antworte,
wenn man mich nach dem Glanze jenes
«lebendigen Lichtes» fragt.

Hildegard von Bingen

NICHTS IST ZU FÜRCHTEN

Du fragst, ich aber weiß nichts über den Tod; ich habe nur das Leben kennengelernt. Ich kann nur sagen, was ich glaube; entweder ist der Tod das Ende des Lebens, oder er ist der Übergang in eine andere Lebensform. In keinem Fall ist da irgend etwas zu fürchten.

Sikwalxlelix (Eskimo-Schamanin)

DAS GEBET

Wenn ein Mensch inbrünstig betet, tritt seine Seele an die Pforte des Körpers. Im Gebet zu sterben, erspart der entkörperten Seele den Abschied, nicht nur vom eigenen Leibe, auch den endgültigen vom Mutterleibe der Welt. Dem zu entsteigen, heißt: Sterben. Und doch handelt es sich nach himmlischen Gesetzen um ein neues Geborenwerden. Die Hülle zerreißt, aber die ewige Odemknospe lebt ein ewiges Leben, überlebt ewiglich den Tod. Denn aus der Schöpfung der Welt entspringt die Quelle des *Geborenwerdens!* Die abfallende, verfallende persönliche Körperwelt entäußert ihrer weiterlebenden göttlichen Kleinodie, nicht das persönliche Daseinsbewußtsein. Aber umgekehrt. Die Seele, die ihren Körper verläßt, löscht jedes Bewußtsein ihrer

Hülle aus. Hingegen der Schlaf den Körper vorübergehend zu betäuben pflegt; und die Seele des Geschöpfes sich zu entfernen vermag, schon aus lebzeitlicher Leibesumhüllung. Der Traum ist der Seele zerronnenes Bildnis, das sie beim vorübergehenden Verlassen himmlischer Abenteuerlust ihrer schlummernden Heimat zurückläßt. Des Schlafes Dunkel also gibt der Seele Gelegenheit zu entkommen, immer wieder ihre Ferien anzutreten. Wachbleibender Körper verhindert ihre Reise. Die Seele aber fordert gewaltsam ihr Recht. Ihre Nimmerwiederkehr büßt der Körper mit dem Verfall. Aber den verbotenen Weg, der Himmel und Erde verbindet, betrat noch nie, ohne den Willen Gottes, je eine Seele. – Der Mensch, der lau sein Gebet gewohnheitsgemäß verrichtet, betet, um gebetet zu haben, wird nie ein Herzbreit von sich zurücklegen, und nimmermehr werden ihm die engelhaften Vorboten der Unendlichkeit schon auf Erden begegnen. Das Gebet bedeutete den Propheten die höchste Zeremonie; die ihnen begegnenden Wunden des Himmels weihten sie zu Heiligen. Allem Beweisbaren geht Unbeweisbares voraus und umgekehrt. Wehe aber dem hungernden Herzen, das bewirtet wird von eines schmalen Verstandes geizigen Truchseß. Auf dem Erzplan der Schöpfung bewegt sich jedes Ding in der Welt auf des Zifferblatts kreisender Urthese nach dem Ruf des Urkuckucks aus dem Universum. Aber ein Ohr, das nicht lauscht dem Weltticktack der methodischen Welt, kommt entweder zu früh oder zu spät.

Gott weiß immer, wieviel Uhr es geschlagen hat. Seinem Freytag zu begegnen, der mit einem gemeinsam betet, gräbt zwischen den Straßen der Zeit in den Dschungeln der Ewigkeit, bedeutet das Glück eines gottsuchenden Menschen. Mit diesem auf göttliche Miene

zu stoßen, krönt das Ziel der mutigen, religiösen Robinsonade. Unsere Erde wie jede, die wir leider nur von ferne, verschleiert von Feuer, betrachten können, sind ebenfalls vom Körper, wie wir Geschöpfe es sind, umschlossene Ewigkeiten. Ewigkeit in Zeit gespannt.
Diesem System in der Schöpfung des Ewigen verdanken wir, gemischt mit Traurigkeit über den Verlust unserer erleuchteten paradiesischen Welt, das *Dasein* unserer Welt. Frisch von der Ewigkeit gepflückt, leuchtend in der Blüte, hieß sie: Paradies. Ich sagte schon einmal in einer Dichtung, daß ich den Weltenkörper und den Körper der Geschöpfe, überhaupt alles Körperliche, für eine Illusion der Seele halte, eine Kristallisierung der sich heimsehnenden Seele nach dem Geborgensein in Gottvaters Hand. Denn jede Seele ist Ewigkeit und möchte, losgebunden von der Urewigkeit, sich bergend in einen Rahmen stellen. Des Tieres Seele hin-

gegen hängt irgend noch blind in seiner Körperillusion am Kosmos, noch nicht irdischer Verantwortung übergeben. Der Dichter im Zustand des Dichters erlebt illuminiert den Halbschlummer des Tieres, aber auch der Pflanze und des Steins. Die Dichtung bettet sich neben Gott. Wie könnten sonst die von der Dichtung vergewaltigten Auserwählten die unmenschliche Verantwortung der Weisheit auf sich nehmen? Der Prophet, des Dichters ältester Bruder, erbte die Zucht des Gewissens direkt vom Schöpfer. Die Zucht des Gewissens aber adelt auch den Dichter, und der geringste Fehltritt rächt sich naturgemäß in der Glaubwürdigkeit seines Verses. Die Dichtung ergibt also, vom erwählten Dichter niedergeschrieben: den Extrakt höherer Wahrheit. Die Dichtung ist eine Gunst, die der Dichter auf sich nimmt. Und selbst das mit Gott hadernde Gedicht kniet vor Ihm. Der Dichter weiß wohl, es dauert ein Leben der Vertiefung und vorangegangener Vertiefung Leben, bis er zwischen den Weiten der Welt nur ein noch «leuchtendes Liebeswort» findet, das seine Seele vorübergehend schon auf Erden vom Star erlöst. Aber dieses Wunder der Erleuchtung weht über jedes Menschenherz, der Liebe Sturm über seinem Blute, und treibt vom Grund den Rest seines Urblutes Gold an seinen Strand. Urblut ist noch erhaltenes Gold, das, wenn es sich mit dem Urblut des liebenden Menschen begegnet, einen Glückszustand hervorzaubert. Urblut und Urblut ergeben: Paradies. Leuchtend und erleuchtend erkennen sich nur Menschen im Rausch der Liebe. – Den großen Vögeln sehe ich nach – sie können uns nichts erzählen aus dem grünen ewigen Bilderbuch, zwischen dessen Laub sie schweben; aber durch ihren Gesang erwachen die Blumen an den Zweigen und die Keime wollen hervor. So erfaßt der Mensch das Tier, da es mit

einem seiner Pole noch dumpf in der Urwelt ruht mit all seinen Begierden und Leidenschaften, niemals ganz und gar! Der Rest heißt Geheimnis!
Denn der Mensch lebt abgelöst vom Kosmos, vom Umriß der Urwelt in der Umwelt: Zeit. Der Mensch lebt in der Zeit, das Tier in der Natur und die Pflanzenseele in ihrer einheitlich grünen Blattillusion. Wie oft geschieht es, daß eine Baumart eingeht im fernsten Osten, zur selben Zeit dieselbe Gattung Baum in jenseitiger Himmelsrichtung zu welken beginnt. Das zeugt von der Säfteverbundenheit der Pflanze, die über Hecke und Hecke sich weiterschlingt. Nur selten ahnt der Mensch des Nebenmenschen Lage, jedenfalls zwingt ihn die Hellseherei nicht mit zum Verfall. Eher noch das Tier; es lebt in der Vegetation, der Mensch in der Atmosphäre. Tausendfältig verzwiefachte der Schöpfer das Tier und die Pflanze schon auf dem Plan der Schöp-

fung. Den Menschen aber brach er, geschaffen, ins leuchtende Welteden gestellt, in zwei Hälften. Und so drängt es den Menschen, sich immer zu teilen, um sich wiederzufinden.
Gott rollt ruhend durch die Welt, Gott ist der Wegweiser und die Schwelle. Immer müssen wir über Ihn und die Bewegung im Menschen bewegt sich nach dem Bewegen des Schöpfers. Der abweichende Mensch, der im Takte des Weltalls ungleich mitschreitende, verirrt sich im System der Schöpfung und gerät aus dem Gleichgewicht. Jede Störung im Weltall ist eine Folge des Nachbleibens oder Voreilens im Takte Gottes. Eine Gleichgewichtsstörung die Folge des abweichenden Geschehens der Methode der Welt. Das vorbildliche Tempo, nach dem sich der Mensch seit seiner Geburt richten soll, bewege wieder die Menschheit! Dieses Tempo zu erlangen, vertiefe man sich in Gott, in diese -- Ewigkeitspolitik. Leben be-

deutet Wohlstand. Vor allem im Weizen der Seele, aber auch im Gemeingut der Früchte und des Brotes. Denn jedes Geschöpf barg ein mütterlicher Schoß, der den von ihr geborenen Leib *vertrauend* in den Allmutterschoß der Welt legte. Aus drei Hüllen besteht das irdische Leben, die wir durchbrechen müssen, um wieder ins Freie zu kommen, zu Gott. So ereignet sich unser Leben zweifach umhüllt in zeitlichen Ewigkeitsschößen. Umschlossen und geborgen noch in äußerster körperlicher Weltillusion: Verborgen wickelt sich das Erdenleben ab. Und doch sind wir Menschen Gottes *freie* Ableger. Jedes wahre Gebet ist eine Konzentration… Ich und Ich. Und aus dieser Selbstverbindung entsteht doppelte Kraft. Ja die Propheten rissen an Gott! wie sie die Wahrheiten donnerten in die Herzen der Völker. Und so oft verströmten göttlich den heiligen Paragraphen in unzähligen Versen. Die gewaltigen Falken

Gottes stießen schreiend auf Ihn und erlebten schon in ihrer Leibes-Illusion Echo gefangener Ewigkeit, Gott die Nichtumfaßbare. Ich möchte dem Leser eine ruhige Stunde schenken mit meinem Gebet, in das ich wie in eine Girlande ab und zu eine seltene Blume stecke. Ihr Duft soll ihn nicht betäuben, aber erwecken. Wach sein zieht Gewissen nach sich. Gott ist *der Wache!* Wir Menschen aber verschütten unser Bewußtsein gegenseitig bis zur Entartung und besitzen doch den Demant der mannigfaltigsten klarsten Bewußtmöglichkeit. Gott ist eine «ruhende Gottheit». Alle Leidenschaften ruhen in Seiner heiligen Siesta.

Else Lasker-Schüler

«SCHWESTERSEELE!»

Einmal wandelt Läuten durch mich hin,
Seelensingen – eine Glocke tönt,
Glocke, der ich reines Echo bin,
Nicht mehr Fleisch, das sündig jauchzt und stöhnt.

Bin ein Sprößling dann des grünen Baums,
Sinnbild ew'gen Werdens, ew'ger Rast,
Und mein Leib, der Rest des Menschentraums,
Steht und wartet, daß er Wurzel faßt.

Einmal bist du Trug, mein Leib, mein Stamm,
Der du heute noch mir Wahrheit heißt,
Einmal bist du tot, bist Erde, Schlamm,
Doch ich leb, ein Nichts, ein Alles: Geist.

Bald!

Denn schon hör ich, wenn den bittren
 Tag versüßt
Irgendwo mir eine Vogelkehle,
Liebe, ferne Stimme, die mich lautlos
 grüßt:
«Schwesterseele!»

Gertrud Kolmar

Inhalt

Zur Einführung 5
Charlotte DeClue
Wenn du auf Reisen bist... 7
Rābiʿa al-ʿAdawiyya
Von jener Welt in jene Welt 8
Gertrud Kolmar
Gottes-Dienst 13
Katharina von Siena
Das innere Leben 15
Sun Bu-er
Yin und Yang 22
Brooke Medicine Eagle
Die Suche nach dem Gesicht 24
Uvavnuk
Die Erleuchtung der Schamanin 31
Mechthild von Magdeburg
Einssein mit Gott 32
Subhā, des Goldschmieds Töchterlein 34
Simone Weil
Glaubensbekenntnis 40

Ānandamayī Mā
Auf der Suche nach Wahrheit 44

Edith Stein
«Ich lebe, Ich weiß, Ich will, Ich liebe» 47

Gertrud Kolmar
Der Engel im Walde 55

Teresa von Avila
Die Freiheit der Seele in der Ekstase 58

María Sabina
Die Frau des Lichtes bin ich 64

Gertrud die Große
Liebe wirkt Wohlgefallen 69

Die Nonne Sundarī und der Meister 70

Irina Tweedie
Man ist einfach Teil von allem 73

Hildegard von Bingen
«Der Schatten des lebendigen Lichtes» 74

Sikwalxlelix
Nichts ist zu fürchten 78

Else Lasker-Schüler
Das Gebet 79

Gertrud Kolmar
«Schwesterseele!» 89

Quellennachweis

Sammlungen in Versen, Bd. 3, Karl Eugen Neumanns Übertragungen aus dem Pāli-Kanon, Zürich/Wien (Artemis/Zsolnay) 1957. Thomas Cleary (Hrsg.), *Das Tao der weisen Frauen*, Bern/München/Wien (O. W. Barth) 1993. Joan Halifax, *Die andere Wirklichkeit der Schamanen*, Bern/München/Wien (O. W. Barth) 1981. Holger Kalweit, *Traumzeit und innerer Raum*, Bern/München/Wien (O. W. Barth) 1984. Melita Maschmann, *Eine ganz gewöhnliche Heilige*, Bern/München/Wien (O. W. Barth) 1990. *Schamanengeschichten aus Sibirien*, Bern/München/Wien (O. W. Barth) 1955. Irina Tweedie, *Wie Phönix aus der Asche*, Bern/München/Wien (O. W. Barth) 1982. Annemarie Schimmel, *Gärten der Erkenntnis*, Düsseldorf/Köln (Eugen Diederichs) 1982. Edith Stein, *Im verschlossenen Garten der Seele*, Freiburg i. Br. (Herder) 1987. Else Lasker-Schüler, *Konzert*, München (Kösel) 1962. Gertrud Kolmar, *Frühe Gedichte/Wort der Stummen*, München (Kösel) 1980. Katharina von Siena, *Ausgewählte Texte aus den Schriften einer großen Heiligen*, Düsseldorf (Patmos) 1981. Simone Weil, *Zeugnis für das Gute. Traktate, Briefe, Aufzeichnungen*, Olten (Walter) 1976.

In der Reihe «Weisheit der Welt»
sind bisher erschienen

AESOP
Die Grille, der Löwe und die Wahrheit
Die schönsten Fabeln und ihre ewig jungen Lehren

Auf dem Weg zu sich selbst
Das Erlebnis der Meditation in Texten großer Meister aus
Ost und West

AUGUSTINUS
Bekenntnisse
Gedanken und Erfahrungen des großen Gottsuchers

MARK AUREL
Leben nach rechtem Maß
Selbstbetrachtungen des Weisen auf dem römischen Kaiserthron

GAUTAMA BUDDHA
Worte des Erwachten
Der Pfad der Vervollkommnung

WILHELM BUSCH
Kritik des Herzens
Nachdenkliche Betrachtungen des heiteren Philosophen
über Schein und Sein

Der Gesang des Donnervogels
Lebendige Weisheit der Indianer

BALTASAR GRACIÁN
Die Kunst der Weltklugheit
Über den Kampf des Menschen gegen die Unvernunft

IMMANUEL KANT
Zum ewigen Frieden
Das Manifest für die Zukunft der Menschen

KONFUZIUS
Der gute Weg
Worte des großen chinesischen Weisheitslehrers

LA ROCHEFOUCAULD
Schule des Herzens
Die berühmten Maximen des großen französischen Moralisten

GEORG CHRISTOPH LICHTENBERG
Wie glücklich könnte man leben...
Die bitteren und heiteren Welterkenntnisse
des großen deutschen Aphoristikers

In ein Meer sät man kein Wasser
Lebensweisheiten der afrikanischen Naturvölker

Den Mond kann man nicht stehlen
Beispielhafte Zen-Geschichten aus tausend Jahren

CHRISTIAN MORGENSTERN
Die stillen Dinge
Die Lebensweisheiten des Dichters in Gedichten und Gedanken

FRIEDRICH NIETZSCHE
Allzumenschliches
Einsichten und Erfahrungen des großen Philosophen

PASCAL
Wissen des Herzens
Gedanken und Erfahrungen des großen abendländischen Philosophen

SAADI VON SCHIRAS
Aus dem Rosengarten
Die schönsten Lebensgeschichten des großen persischen Dichters

SALOMO
Weisheiten und Torheiten
Erkenntnis und Lebenserfahrung in den schönsten Sprüchen
des großen biblischen Königs

SENECA
Von wahrer Lebenskunst
Anleitungen zu Bescheidenheit im Glück und zur Kraft im Unglück

SHANKARA
Das Kleinod der Unterscheidung
Ein Juwel indischer Weisheitsliteratur